DISPENSAIRE GÉNÉRAL
DE LYON

FONDÉ LE 25 MARS 1818

AMÉLIORATION

DES

SERVICES MÉDICAUX & PHARMACEUTIQUES

ET

Suppression de la Subvention municipale

LYON
IMPRIMERIE DU SALUT PUBLIC
BELLON, RUE DE LYON, 33

M DCCC LXXVI

DISPENSAIRE GÉNÉRAL

DE LYON

FONDÉ LE 25 MARS 1818

AMÉLIORATION

DES

SERVICES MÉDICAUX & PHARMACEUTIQUES

ET

Suppression de la Subvention municipale

LYON

IMPRIMERIE DU SALUT PUBLIC

BELLON, RUE DE LYON, 33

M DCCC LXXVI

DISPENSAIRE GÉNÉRAL DE LYON

FONDÉ LE 25 MARS 1818

AMÉLIORATION

DES

SERVICES MÉDICAUX & PHARMACEUTIQUES

ET

Suppression de la Subvention municipale

M

Le Conseil d'administration du Dispensaire général de Lyon vient faire un nouvel et pressant appel à la bienveillance des Lyonnais. Il y est contraint par deux motifs. Le premier, c'est la brusque suppression par le Conseil municipal de l'allocation annuelle que la ville de Lyon accordait au Dispensaire général depuis près de 50 années; le second, c'est la nécessité impérieuse pour la société d'agrandir les locaux attribués aux services toujours croissants des consultations médicales et de la pharmacie.

Les résultats obtenus par le Dispensaire dans le traitement à domicile des malades indigents sont, chaque jour, mieux appréciés et plus recherchés. Il le doit au zèle dévoué de ses médecins, à l'excellence de ses produits pharmaceutiques, à l'accueil bienveillant et sympathique de ses sœurs pour tous ceux qui souffrent, et, chaque année, il distribue maintenant des secours à plus de 8,000 malades.

Tous ces malades viennent ou envoient demander des médicaments à sa pharmacie ; beaucoup viennent également prendre au siége de la société les consultations médicales qui s'y donnent tous les jours. Il en résulte à certaines heures une affluence telle, que les couloirs sont encombrés, et que les malades, obligés d'attendre malgré la présence simultanée de deux médecins consultants, n'ont souvent d'autres siéges que les marches de l'escalier.

Ils n'en ressentent pas seulement une fatigue extrême. L'air est parfois vicié à ce point par les émanations qui se produisent dans un espace trop restreint, que les malades éprouvent de sérieux malaises. Les sœurs ont eu souvent à intervenir pour donner des soins impérieusement exigés, et il semble impossible de maintenir une organisation qui impose de telles fatigues ou de tels dangers à ceux-là mêmes que le Dispensaire a la mission de soulager.

L'espace dont la société dispose actuellement est si restreint, qu'une seule salle est affectée aux consultations. Les deux médecins consultants sont séparés par de simples cloisons mobiles, qui ne peuvent garantir les malades ni contre les indiscrétions de l'oreille ni contre celles de la vue.

La pharmacie est également insuffisante, et le laboratoire trop restreint, impose à notre pharmacie une gêne regrettable.

Pour remédier à ces graves inconvénients, il fallait créer sur un autre point de la ville de nouveaux services médicaux et pharmaceutiques, ou agrandir les locaux que le Dispensaire possède déjà au numéro 20 de la rue de la Poulaillerie.

Après en avoir délibéré, le Conseil d'administration a pensé qu'il était préférable, dans l'état actuel de la société, de maintenir encore la centralisation de ses services, et d'agrandir ses locaux actuels.

Pour y réussir, il a dû acquérir au prix de 65,000 fr. une petite maison qui prend ses jours sur la rue Dubois, et qui est adossée contre celle que le Dispensaire possède déjà dans la rue de la Poulaillerie (1).

L'acquisition de cette maison dont presque tous les baux sont expirés, permettra de créer sans retard une salle d'attente pour les malades qui viennent aux consultations, d'établir pour les médecins un nouveau cabinet, et de donner à notre pharmacien un laboratoire à la fois plus commode et plus indépendant. Elle permettra aussi de mieux installer les bureaux de notre agent-comptable, qui est lui même appelé à recevoir le Public pour le visa des cartes de traitement, et d'apporter, ainsi à tous les services une amélioration qui est actuellement indispensable.

Mais de pareils travaux doivent absorber les capitaux de la société, et le Conseil d'administration a pensé qu'il

---

(1) Les pièces concernant l'acquisition sont actuellement au Conseil d'état, dont l'autorisation est nécessaire.

devait de nouveau faire appel à la bienveillance des Lyonnais.

Il le devait d'autaut plus, que le Conseil municipal vient de retirer au Dispensaire général, juste au moment où elle lui serait plus nécessaire encore que dans le passé, la subvention que les Conseils antérieurs n'avaient cessé de lui accorder pendant près de cinquante années.

C'est la première fois, en effet, depuis sa fondation, que la société du Dispensaire général se voit privée du concours des représentants de la cité. Au premier rang de ses fondateurs, en 1818, figurait le maire de la ville, M. le comte de Fargues, qui en a été, en même temps, le premier souscripteur. Puis, bientôt après, lorsque des secours pécuniaires plus importants parurent nécessaires à la société, elle les obtint du Conseil municipal, qui les lui a depuis lors maintenus, sans interruption, jusqu'en 1876.

Les révolutions se sont succédé sans ébranler l'intérêt qu'elle inspirait, parce qu'elle n'a jamais modifié son programme, qui a toujours été de distribuer les secours médicaux à tous les malades indigents, sans préoccupation aucune d'opinions politiques ou religieuses.

Une seule fois, en 1872, il fut un instant question de retirer la subvention de la ville. Le Conseil municipal voulait la suppression des sœurs, et leur remplacement par des aides pharmaciens. Mais le Conseil d'administration, prévenu de cette décision, put facilement démontrer combien les sœurs étaient nécessaires aux pauvres femmes qui viennent faire panser leurs plaies au Dispensaire, combien aussi leur surveillance sur les nombreux malades qui se pressent parfois dans nos locaux était plus efficace et plus morale. Le maire, M. Barodet, le comprit promptement, et le Conseil municipal, faisant plus que revenir sur sa première délibération, augmenta la subvention au lieu de la supprimer et la porta de cinq à six mille francs, sous la seule condition que le traitement de notre pharmacien serait lui-même augmenté.

L'administration du Dispensaire croit pouvoir espérer encore que cet exemple sera suivi, et que le Conseil municipal mieux éclairé, reviendra comme en 1872 sur sa dernière décision.

Quel en est, en effet, le motif ? Il est dit dans la délibération que les secours de la ville au Dispensaire doivent être supprimés, parce que cette société réalise des économies. Aucun autre motif n'a été indiqué, et c'est le seul par conséquent qu'il y ait lieu de discuter.

Si on examine le dernier budget soumis à la Cour des comptes, c'est-à-dire celui de 1874, qui a été d'ailleurs visé par le Conseil municipal, on voit que les réserves capitalisées de la société se composaient au 31 décembre 1874 : 1° de 5,071 fr. de rentes Françaises ; 2° d'un certain nombre d'obligations de chemins de fer Français rapportant 291 fr. ; 3° d'une somme de 19,612 fr. employée dans le cours de l'année en achat de rentes Françaises ; soit, en totalité, un capital de 126,000 fr. environ.

Voilà les capitaux possédés par la société au 31 décembre 1874 ; et c'est parce qu'elle a pu réaliser, pendant une existence de 57 années, une réserve de 126,000 fr. que les représentants de la ville lui ont supprimé toute allocation, sans tenir compte des conditions dans lesquelles cette société est constituée, des besoins auxquels elle doit satisfaire, de l'obligation impérieuse qui lui est imposée d'avoir une réserve pour assurer la continuité de ses services, et, enfin, de l'origine même des fonds qui ont constitué son capital.

Lorsqu'une société de bienfaisance s'occupe de pourvoir à des besoins dont la ville est elle-même légalement chargée, on comprend qu'elle puisse être astreinte à ne pas réaliser de réserve. La ville paie tout ce qu'il est nécessaire de payer. Si les dépenses sont considérables, elle doit les supporter, et il est juste qu'elle profite des diminutions qui viendraient à se produire.

Mais ne doit-il pas en être autrement quand il s'agit d'une société telle que le Dispensaire général, qui, tout en allégeant en réalité la dépense municipale par la distribution de ses secours, ne peut cependant exiger aucune allocation de la Ville.

Le Dispensaire soigne à domicile des malades indigents dont beaucoup assurément, sans l'assistance qu'on leur donne, iraient encombrer les hôpitaux, ou tomberaient à la charge des bureaux de bienfaisance.

Tout en réalisant pour ces malades le bien inestimable d'être soignés dans leurs familles, le Dispensaire dégrève donc d'autant les budgets, soit du bureau de bienfaisance soit des Hospices, dont les dépenses, envisagées d'une façon générale, peuvent être considérées comme une charge obligatoire de la Ville ; et telle avait été sans doute l'équitable considération qui avait, pour partie au moins, motivé jusqu'en 1876 l'allocation municipale. Mais que, par suite de causes exceptionnelles, les dépenses du Dispensaire viennent à dépasser les recettes, est-ce qu'il aurait pu, même au temps de la faveur municipale, exiger de la Ville une subvention plus élevée ? Non assurément, et dès lors il lui est indispensable d'avoir une réserve, constituée en vue de parer aux déficits que des circonstances imprévues pourraient produire dans son budget.

Une telle supposition n'est pas d'ailleurs purement hypothétique. En 1870, il se produisit dans les recettes ordinaires de la Société un déficit de plus de 15,000 fr. En même temps, et par les mêmes causes, les besoins augmentaient. La guerre ajoutait ses blessés à nos malades. De nombreuses ambulances étaient organisées et sans cesse on sollicitait les secours de nos médecins et les médicaments de notre pharmacie. Si le Dispensaire n'avait eu d'autres ressources que les cotisations de ses Sociétaires, il eût du forcément repousser ces sollicitations ; mais il avait quelques capitaux accumulés, et il y a puisé 20,000 fr. pour venir en aide aux malheureuses victimes de la maladie et de la guerre.

Aujourd'hui encore, malgré sa confiance dans la bienveillance des Lyonnais, le Conseil d'administration pourrait-il, s'il n'avait une réserve acquise, dépenser 90 ou 100,000 fr. pour réaliser des améliorations qui sont, cependant, absolument nécessaires au bien des pauvres ?

En se reportant aux budgets de la Société, il est d'ailleurs bien facile de reconnaître que sa réserve provient pour une très-minime partie seulement d'atténuations obtenues dans les dépenses ordinaires, et que ces atténuations ont été dues tout entières, lorsqu'elles ont existé, non à des économies réalisées par le Conseil sur la distribution des secours médicaux, mais à l'action libre et personnelle des sociétaires, seuls dispensateurs des cartes de traitement aux indigents.

Tout souscripteur d'une carte, dont le prix est de 30 fr., peut faire soigner 12 malades pendant l'année en limitant à un mois le traitement de chacun d'eux, ou un malade pendant 12 mois. S'il épuise son droit, la Société est en perte ; s'il n'en use qu'en partie, la Société réalise au contraire un excédant ; et, à la fin de l'année, il y a augmentation ou atténuation dans les dépenses de la pharmacie, suivant que le nombre des malades désignés aux soins du Dispensaire par les Sociétaires eux-mêmes est plus ou moins considérable.

Mais les atténuations dans les dépenses de la pharmacie sont généralement peu importantes, et le Conseil s'en félicite, parce que, ce qu'il désire surtout c'est le bien qu'il a la certitude de réaliser en soignant à domicile le plus grand nombre possible de malades indigents. Les réserves ne viennent donc de ces atténuations que pour une faible part. Elles proviennent surtout des legs et dons faits sous la condition de ne les point absorber pour les dépenses ordinaires.

Dans la seule année 1869, les dons se sont élevés à 17,560 fr., et la plus grosse partie de cette somme a été donnée par les héritiers de M. le docteur Rater. Leur but était de satisfaire à un désir exprimé par leur père. M. le docteur Rater avait pensé avec raison que l'œuvre du Dispensaire ne serait vraiment complète que lorsqu'après avoir guéri les malades par les secours médicaux, elle aiderait encore à leur plus complet rétablissement par la distribution gratuite des substances alimentaires dont les médecins jugerait l'emploi utile aux convalescents. Mais une telle pensée dépassait, tout en s'y rattachant de très-près, le but primitif des fondateurs du Dispensaire.

Sa réalisation exigeait également de nouvelles ressources, et, pour les assurer dans l'avenir, il fallait absolument constituer un capital. C'est ce qu'ont voulu les héritiers de M. Rater. En acceptant leurs dons généreux, l'administration du Dispensaire a donc pris l'engagement de n'en employer que les revenus.

Leur exemple a été suivi. Beaucoup de donateurs se sont joints à eux, et, en 1874, les dons se sont élevés encore à 7,892 fr.

Le budget de 1874 a été d'ailleurs un des plus favorables, et c'est précisément celui qui a été visé par le Conseil municipal. Les recettes, tant ordinaires qu'extraordinaires, avaient été de 70,991 fr. 40 c.; les dépenses de 52,621 fr.; et, par suite, l'excédant des recettes a été de 18,370 fr. Mais, en décomposant les recettes, on reconnait bien vite que cet excédant se compose uniquement des dons extraordinaires, des intérêts des réserves et d'un reliquat tout à fait exceptionnel reporté du budget de 1873.

Les dons à capitaliser étaient de. . . .	7.892 fr.
Les intérêts des réserves.	5.362
Le reliquat reporté de 1873	5 917
Total plus élevé que l'excédant des recettes	19.171

Si donc on retranche du chapitre des recettes les dons qui doivent être capitalisés, les intérêts des réserves qui doivent disparaître avec les réserves elles-mêmes, destinées à être prochainement absorbées par les améliorations projetées et le reliquat tout à fait accidentel de 1873, on arrive à peine à équilibrer les dépenses ordinaires.

Or, l'allocation de la Ville figure au chapitre des recettes ordinaires pour une somme de 5,400 fr., et si on retranche cette allocation, le budget, au lieu d'être en excédant, se trouve en déficit de 5,000 fr. environ.

Telle est la véritable situation du Dispensaire général, et la suppression de la subvention municipale prépare si bien un déficit pour l'avenir, que l'autorité préfectorale a demandé des réductions dans les dépenses ordinaires inscrites au budget prévisionnel de 1876. Elles ont dû porter : 1° sur les émoluments du pharmacien qui seraient réduits de 800 fr.; 2° sur les bains gratuits qui seraient supprimés ; 3° sur les eaux minérales dont la distribution par les médecins devra être évitée, toutes les fois qu'elles ne seront pas jugées absolument nécessaires au traitement des malades.

Mais ces réductions porteraient atteinte à la situation d'un pharmacien expérimenté; elles causeraient surtout un préjudice grave aux malades indigents, dont la convalescence est bien souvent abrégée par l'emploi des bains ou des eaux minérales.

Avant de s'y résigner, le Conseil d'administration a considéré comme un devoir de faire appel aux Lyonnais.

Quand les hommes éminents qui ont organisé parmi nous l'assistance médicale à domicile, voulurent constituer à Lyon la Société du Dispensaire, ils s'adressèrent avec confiance à leurs compatriotes et leur circulaire « aux notables de la Ville » figure en tête de nos registres sous la date du 25 mars 1818.

Les « notables de la Ville » ont répondu à leur appel et l'œuvre a été fondée.

Aujourd'hui il s'agit de subvenir aux dépenses que nécessite, pour le bien des malades indigents, l'amelioration des services médicaux ou pharmaceutiques de cette œuvre ; et le Conseil d'Administration, à l'exemple de ceux qui l'ont précédé, vient adresser à son tour un pressant appel à tous les Lyonnais.

Il a le regret, cette fois, de ne pouvoir s'appuyer sur la bienveillance municipale ; mais il espère qu'elle lui reviendra et il croit toujours pouvoir compter, maintenant comme par le passé, sur le concours de tous ceux qui sont sincèrement préoccupés de l'intérêt des pauvres.

A cette heure, il n'y a plus à rappeler les bienfaits de l'assistance médicale à domicile. Ils ont été signalés maintes fois par les médecins comme par les moralistes. On sait avec certitude que les malades soignés au milieu de leurs familles guérissent plus vite et plus sûrement que s'ils en sont séparés, et chacun comprend combien de tels soins répondent mieux au maintien des liens de la famille. Quand on poursuit la réalisation de tels avantages, on peut beaucoup espérer de cette générosité lyonnaise qui, en multipliant ses dons à toutes les œuvres créées pour l'assistance des pauvres, s'est manifestée surtout en faveur de celles dont le but est le traitement des malades. C'est là une tradition qui s'est perpétuée depuis des siècles. L'admirable oganisation de nos hospices en est un signe éclatant, et le Dispensaire croit pouvoir espérer qu'il recevra, lui aussi, dans les circonstances où il vient le solliciter, un nouveau témoignage de la sympathie publique.

Pour le Conseil d'Administration :

Le Président,

P. BIÉ.

La Société du Dispensaire général recevra avec reconnaissance tous les dons qui lui seront faits. Elle serait également heureuse de recueillir l'adhésion de nouveaux souscripteurs.

Les dons et les souscriptions seront reçus tous les jours, rue de la Poulaillerie, 20, dans les bureaux par l'agent-comptable, ou à la pharmacie par les sœurs.

Un registre spécial sera tenu à la disposition des donateurs et souscripteurs. Tous les dons et toutes les souscriptions nouvelles y seront inscrits.

ADMINISTRATION

CONSEIL

MM. Le Préfet du rhône, *président d'honneur.*
P. Bié, *président.*
Royé-Belliard, *vice-président.*
Armand (Charles).
Baud.
Bellon (Joseph).
Bissuel.
Brosset (Dominique).
Canat-de-Chizy.
Chalandon (Emmanuel).
Dérieux (Stéphane).
Le Febvre (Maxence).
Fougasse.
Kuppenheim (Joseph), *président du Consistoire Israélite.*

MM. Lombard-Morel.
Ponson.
Ribollet (Joseph).
Robin (Auguste).
Rougier (Paul).
Le Royer, *sénateur*.
Verne de Bachelard.

MÉDECINS CONSULTANTS

FAISANT PARTIE DU CONSEIL

MM. Rodet, *président du Comité médical*.
Arthaud.
Diday.
Pétrequin.
Teissier.

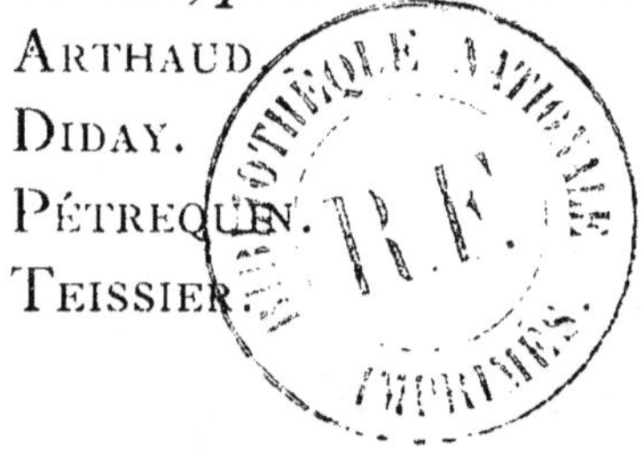

Lyon. — Imp. du Salut Public. — Bellon, r. de Lyon, 33.

www.ingramcontent.com/pod-product-compliance
Lightning Source LLC
LaVergne TN
LVHW050232180726
843501LV00013BB/3777

* 9 7 8 2 3 2 9 6 2 1 7 8 4 *